COMMENT AFFRONTER LA JUSTICE SANS ARGENT

DU MÊME AUTEUR

Le Contrôle d'identité. Les droits de la personne contrôlée. Genève, Egide, 1982 (Epuisé).
Justice genevoise recto verso. Genève, Editions Zoé, 1987.
Pour que Genève vive! Genève, Egide, 1989.
Epris de justice, Genève, Editions Slatkine, 1991.

JACQUES BARILLON

COMMENT AFFRONTER LA JUSTICE SANS ARGENT

Editions Slatkine
GENÈVE
1994

© 1994. Editions Slatkine, Genève.
Reproduction et traduction, même partielles, interdites.
Tous droits réservés pour tous les pays.
ISBN 2-05-100942-2

AVANT-PROPOS

Qui ne s'est dit un jour: «la justice est une affaire d'argent. Celui qui en a peut mettre en œuvre les meilleurs avocats, engager ou affronter des procédures, monnayer des retraits de plaintes ou en prévenir le dépôt. Celui qui est sans ressources livre un combat inégal: c'est un tiers-mondiste de la justice!»

Vérité ou paranoïa?

Cette réflexion correspond presque toujours à la réalité. Il existe néanmoins des moyens simples d'y remédier et pour le pauvre ou l'étranger d'être aussi bien armé face à l'appareil policier et judiciaire que le riche ou le Suisse.

Ce petit livre a précisément pour objet d'orienter le justiciable et de lui livrer quelques conseils pour pouvoir accéder à la «même justice pour tous».

PREMIER PRINCIPE: AGIR PRÉVENTIVEMENT

Le premier acte de sagesse consiste à ne pas attendre d'être en proie à d'importantes difficultés juridiques pour réagir et consulter un avocat.

Lorsque vous avez des maux de dents, vous ne laissez pas un abcès se déclarer avant de vous rendre chez votre dentiste.

Redoutez-vous d'attraper la grippe? Vous vous faites vacciner.

Sur le terrain du droit également, mieux vaut prévenir que guérir.

J'observe que nombreux sont ceux et celles qui, pour diverses raisons, s'ingénient à tenter de résoudre par eux-mêmes leurs problèmes juridiques et ne font appel au spécialiste qu'en dernière extrémité.

Lorsqu'ils se trouvent noyés dans une situation parfois déjà inextricable.

Cette tendance est assez générale. Il en va toutefois plus particulièrement ainsi des gens qui n'ont que de faibles ressources.

Celui qui est démuni financièrement est ainsi confronté à une impasse puisqu'à ses difficultés économiques puis juridiques s'ajoute celle, souvent irréversible, de ne pas se donner la possibilité de les résoudre.

Et tout ceci prend fréquemment des allures de fatalisme.

Agissez préventivement!

Une simple consultation chez un bon avocat vous évitera de commettre des erreurs, dont le caractère de gravité n'apparaîtra parfois que bien plus tard, par exemple lors de la conclusion d'un contrat, la création d'une société ou encore dans la façon de résoudre des problèmes conjugaux.

Le coût d'une consultation pouvant varier, notamment selon l'avocat approché mais aussi, et surtout, la complexité et la diversité des questions soulevées, la situation financière du justiciable commande une certaine prudence. Préalablement, par exemple en téléphonant à un avocat pour prendre rendez-vous, songez à demander le prix d'une consultation.

Au reste, certains avocats – et souvent les meilleurs! – ne vous factureront pas une telle consultation. Ils ne demanderont à être rémunérés pour leur travail que s'ils s'engagent pour la défense de vos droits au-delà de cette prise de contact initiale.

Vous n'y croyez pas? Faites l'expérience: elle ne vous expose à aucun risque!

Si vous frappez à la bonne porte, vous n'aurez nul besoin de recourir aux services d'une permanence juridique.

Le principe du fonctionnement d'une permanence juridique (il en existe dans tous les cantons suisses et, à Genève, deux ou trois) s'apparente à celui d'une permanence médicale.

L'idée qui a présidé à leur création est d'offrir, en cas d'urgence, la possibilité à toute personne de consulter un avocat, sans rendez-vous et à un tarif forfaitaire et modeste.

A Genève, précisément, la principale permanence est celle créée par l'Ordre des Avocats.

A tour de rôle, stagiaires et avocats brevetés assurent ladite permanence. Le service est appréciable, en tout cas lorsqu'il s'agit de solliciter un premier avis sur des questions assez générales. L'ennui est que le justiciable ne sait pas à l'avance sur quel avocat (stagiaire ou avocat expérimenté et réputé) il va «tomber». Par ailleurs, l'avocat consultant n'est pas nécessairement spécialisé dans le traitement des cas qui lui sont soumis le jour de sa permanence.

Dès lors que, à titre individuel, des avocats de premier plan sont disposés à vous recevoir et à vous donner, le cas échéant gratuitement, les premiers conseils, le seul avantage réel d'une permanence juridique tient à la possibilité de consulter *sans rendez-vous*.

Cette faculté ne me paraît pas déterminante.

Pour deux raisons au moins.

La première: il vous sera dans presque tous les cas possible d'attendre quelques heures voire un ou deux jours supplémentaires et de choisir ainsi l'avocat que vous consulterez.

La seconde: un juriste avisé et responsable sait se rendre disponible sans délai en cas d'urgence. Quelques avocats se sont même déjà équipés d'un *bip,* par le moyen duquel, à l'instar du chirurgien, du gynécologue ou du photographe de presse, vous pourrez les alerter en tout temps dans une telle situation.

Le recours à une permanence juridique doit aussi rester subsidiaire: ce n'est que dans l'hypothèse où, *après avoir essayé,* en vain, de joindre un avocat qu'indirectement ou directement vous connaissez pour une consultation urgente, que vous pourriez avoir avantage, ne serait-ce que pour parer au plus pressé, à vous rendre auprès d'une telle permanence.

Le «piège absolu» à éviter à tout prix consiste à céder à la tentation de faire appel aux services d'une permanence juridique *téléphonique.* Telle que celle que certaines personnes – dont l'identité n'a d'ailleurs pas été révélée par les annonces parues dans la presse, non plus que leur formation ou leurs diplômes – en ont très récemment créée une à Genève.

Il n'est pas raisonnable de demander *par téléphone,* un conseil ou encore un avis de droit à un inconnu dont on ne sait rien! De plus, un avocat ne pourra quasiment jamais répondre avec sérieux et précision à un client sans examiner le moindre document.

Non seulement cela ne serait pas sérieux: il pourrait en résulter un réel danger pour le justiciable qui, n'étant pas juriste *a priori,* ne présentera pas nécessairement *objectivement* les faits à son interlocuteur, dont il sollicite cependant le conseil.

Enfin, de même qu'un médecin ne pose pas un diagnostic sans osculter le malade, l'avocat a besoin de voir celui ou celle qui le consulte pour cerner au mieux tous les contours de son problème.

Ainsi, de deux choses l'une: soit une telle permanence juridique téléphonique ne peut que distiller des généralités et conseiller rapidement à l'appelant de se rendre chez un avocat – mais pourquoi vous en remettre à des inconnus dont vous ne savez rien pour le choix de votre défenseur?

Soit on se hasarde, à partir de ce que vous exposez téléphoniquement, à vous donner une apparente consultation – mais vous courrez alors un risque majeur, même si votre «standardiste» est de bonne foi, de n'avoir, au mieux, qu'une information fragmentaire et, au pire, d'être orienté sur de fausses ou d'inadéquates «pistes». Tout cela, du reste, pour un coût pouvant excéder le tarif d'une consultation auprès d'une permanence disposant de bureaux et d'avocats qui vous recevront sans rendez-vous!

Car rappelez-vous: tout ce que vous pourriez demander par téléphone, sans que cela tourne à la farce, à des consultants anonymes de permanence, *un bon avocat auquel vous ferez appel vous le dira, de surcroît de façon plus avisée et sans frais!*

Souvenez-vous enfin que votre anonymat est protégé puisque l'avocat, qui a prêté serment, est astreint au secret professionnel le plus absolu.

La «ligne rose de la justice», le «156 du droit», la «voyance juridique par le fil»…

La défense de vos droits mérite un meilleur traitement. Assurément.

Il existe au demeurant une façon simple et très peu onéreuse de se protéger et d'agir avant que ne se surgissent les problèmes: conclure un contrat d'assurance de protection juridique privée.

Nombreuses sont les compagnies qui proposent un tel service à leur clientèle. Celle-ci a l'embarras du choix. Ou, pour mieux dire, un choix «embarassant».

Quels doivent être les critères pour opter pour tel assureur plutôt que pour tel autre?

Les primes, au demeurant très peu élevées, varient peu d'une compagnie à l'autre. Leurs montants ne doivent ainsi en aucun cas dicter votre choix.

Quels risques sont-ils couverts? Quelle est l'étendue de la couverture – autrement dit la somme maximale prise en charge par l'assureur (frais de justice, honoraires de votre avocat, etc)?

Ce sont-là deux questions à examiner de très près.

Votre intérêt est manifestement d'obtenir, à tous égards, la couverture la plus large possible.

Le critère déterminant me semble être néanmoins celui de la liberté absolue de choisir son avocat.

Soyez extrêmement vigilant dans l'examen des conditions générales du contrat que l'on vous soumet avant de le signer. Certaines compagnies créent l'apparence d'offrir à leurs assurés le libre choix du défenseur mais se réservent néanmoins une sorte de droit de veto. Sans devoir le justifier. L'assuré est alors invité à proposer un ou plusieurs autres noms d'avocats, quand on ne lui «force pas la main» pour l'orienter sur un «avocat-maison» qui a les faveurs de l'assureur. Parce qu'il est réellement l'un des meilleurs dans le domaine considéré?

Certaines compagnies tiennent à votre disposition une liste d'avocats avec lesquels elles collaborent. Prudence! L'indication d'une étude très connue peut masquer le fait qu'en vous adressant à celle-ci ce n'est pas l'un des prestigieux associés mais le dernier stagiaire entré aux services de ceux-ci qui sera chargé de votre dossier! Et comme quelques avocats signent eux-mêmes les lettres, requêtes et mémoires rédigés par leurs collaborateurs et stagiaires, vous n'y verrez parfois que du feu!

Cette remarque a d'ailleurs une portée générale et ne vaut pas seulement pour les études «favorites» de telle ou telle compagnie d'assurance de protection juridique.

Cela étant, l'assurance de protection juridique peut être d'un précieux secours. La prime annuelle, comme je l'ai dit, est presque symbolique (pour le moment?): elle représente à peine le coût moyen d'une heure de travail d'un avocat ordinaire!

Reste une question épineuse: n'existe-t-il pas des intérêts fort divergents, pour ne pas dire opposés, entre l'assureur et l'assuré? Ce dernier voudra mandater l'avocat qu'il considère comme le plus performant et le mieux habilité à sauvegarder ses droits. L'assuré n'a que faire du volume et de l'importance du travail que devra accomplir son avocat et, par conséquent, du montant de ses honoraires. Au contraire, l'assureur songera à limiter ses frais. Il incitera souvent l'assuré à ne pas recourir aux services d'un avocat «extérieur», en faisant valoir que les juristes employés par la compagnie, à «l'intérieur de celle-ci», sont tout à fait aptes à résoudre le litige. Si une procédure s'avère inévitable, certains assureurs seront tentés de convaincre leurs clients de mandater un avocat dont les honoraires peuvent être, hélas, proportionnels à son talent et à son efficacité, c'est-à-dire modestes.

Dans la conjoncture actuelle, qui n'épargne pas les avocats, déjà en surnombre à Genève, le justiciable a de bonnes raisons d'être prudent et méfiant.

En conclusion, je vous conseille vivement de conclure une assurance de protection juridique, tant privée (c'est-à-dire s'étendant à la plupart des domaines du droit) que liée aux litiges en matière de circulation routière.

Il faut cependant absolument vous adresser à une compagnie qui vous garantit *sans la moindre réserve* le droit de mettre en œuvre l'avocat de votre choix.

Si vous êtes déjà au bénéfice d'une assurance ne garantissant pas ce libre choix, n'hésitez pas à résilier votre contrat pour la plus prochaine échéance et contractez auprès d'une autre compagnie.

En cas de doute, posez la question à… un avocat!

DEUXIÈME PRINCIPE: NE JAMAIS LAISSER UNE AFFAIRE S'ENLISER

Je pars de l'idée que vous disposez désormais d'une assurance générale de protection juridique: vous voici donc protégé à titre préventif et en mesure d'avoir recours à l'avocat de votre choix et, si nécessaire, de faire appel à la justice pour le cas où vous seriez en litige avec un tiers (employeur, commerçant, autorité, etc).

Si une telle situation conflictuelle se présente, n'attendez pas: intervenez aussitôt, en informant votre assureur de votre intention de consulter un avocat – et des démarches qu'il faut accomplir immédiatement. Un avocat peut du reste vous aider à déclarer votre sinistre à votre assureur (au sens des dispositions sur le contrat d'assurance). Il devrait, à mon sens, faire cette intervention préliminaire gratuitement.

Il est non seulement recommandé d'agir sans

délai: certaines compagnies de protection juridique vous en font l'obligation.

Votre démarche doit être la même – toutes proportions gardées – que celle que vous faites, tout naturellement, auprès d'un médecin lorsque votre santé est menacée. Consultez sans attendre! Il est toujours préférable de se voir prescrire un médicament qu'ordonner une hospitalisation d'urgence!...

La «gangrène juridique» existe aussi: ne la laissez pas vous gagner!

Trop nombreux sont ceux qui, assurés en protection juridique ou non, ne consultent un avocat qu'en désespoir de cause... c'est-à-dire, précisément, lorsque leur cause est devenue «désespérée»!

Sachez réagir dès l'apparition des premiers symptômes de votre «mal juridique» et la plupart de vos problèmes trouveront rapidement une solution: ce n'est pas une question d'argent mais de discernement, de lucidité et, dans une certaine mesure, de courage.

TROISIÈME PRINCIPE: ON N'EST JAMAIS BON JUGE DANS SA PROPRE CAUSE

Sans sombrer dans le pessimisme ou basculer dans le «défaitisme», il faut savoir qu'on est toujours très mal placé pour apprécier de quelle manière et par quels moyens résoudre ses propres problèmes.

C'est vrai de ceux qui ont la chance de disposer d'une formation juridique ou, à tout le moins, de quelques connaissances. C'est le lot, a fortiori, de la plupart des gens qui ne disposent pas d'un tel bagage. On connaît l'histoire du cordonnier…

Rien n'est plus hasardeux et souvent dangereux que de vouloir gérer soi-même une situation conflictuelle parce qu'on pense être en mesure de le faire à moindres frais. Il n'est pas agréable, je le conçois, de mettre sur la table d'un inconnu – l'avocat qu'on ira consulter – ses difficultés, qu'elles soient de nature strictement privées (un divorce, par exemple) ou financières (un litige avec une banque ou un employeur, etc).

L'hésitation n'est toutefois pas permise: il faut recourir à un spécialiste qui, au-delà du fait que son métier est de vous aider à trouver des solutions à vos problèmes, vous déchargera de la peine et du stress que ceux-ci auront générés, dans une mesure aussi large que possible.

On manque presque toujours de claivoyance et de recul pour analyser avec justesse et précision ses problèmes. Ne prenez donc pas le risque d'aggraver votre sort en croyant être capable de vous en sortir tout seul.

QUATRIÈME PRINCIPE: DEMANDER L'AIDE DE L'ÉTAT (L'ASSISTANCE JURIDIQUE)

Tout justiciable, qui en fait la demande, peut bénéficier, s'il est sans ressources suffisantes, de l'aide de l'Etat, sous la forme de l'assistance juridique (dite A.J.), pour engager ou faire face à une procédure, civile (au sens large) ou pénale.

Même celui qui dispose d'une assurance de protection juridique peut devoir recourir aux services de l'A.J.

En effet, l'assurance de protection juridique ne couvre pas tous les domaines du droit où peuvent naître un litige donnant lieu à une procédure.

En particulier, aucune assurance de protection juridique n'assure le «risque» lié à la commission d'un acte pénalement punissable *et* accompli intentionnellement.

L'exclusion de la prise en charge des honoraires d'avocats d'un assuré ayant commis une infraction intentionnelle se justifierait pour des raisons éthiques.

A l'exception peut-être des cas où un individu prémédite son acte délictueux, pourquoi celui qui a violé la loi, à un moment de sa vie, et qui n'a pas d'argent, ne pourrait-il pas être couvert financièrement, dans sa défense? Alors même que tel autre justiciable aisé, ayant commis un délit identique, peut mandater un très bon avocat? Cette inégalité sociale, que consacrent de nombreuses décisions judiciaires, ne heurte-t-elle pas la morale?

On l'a vu, fréquentes seront les situations dans lesquelles il conviendra que vous demandiez l'A.J. Comment procéder en pratique? Il existe une formule à remplir (demande d'assistance juridique en matière civile ou demande d'assistance juridique en matière pénale) et à déposer auprès du bureau de l'assistance juridique, qui se trouve au Palais de Justice. Les services compétents se livrent alors à une enquête plus ou moins approfondie, car il y a assez souvent urgence à statuer. Il s'agit de vérifier que les renseignements fournis par le requérant correspondent à la réalité. De plus, ce qui se sait moins, l'A.J. peut être refusée à celui dont la cause semble sinon vouée à l'échec du moins largement compromise, quand bien même il remplirait, du point de vue économique, les conditions à son octroi. Ceci pour éviter que n'ayant sou à débourser, un justiciable engage des procès tous azimuts et sans fondement.

A ce stade, deux remarques:

Il est raisonnable de mettre en place un système qui évite que les tribunaux soient encombrés par des «faux procès» ou des «causes bidons». La norme existe déjà, qui s'applique à tous: celui qui fait un procès à quelqu'un, même strictement civil, et qui perd, parce que ses prétentions étaient manifestement infondées, en subit le contre-coup, puisque tous les frais de la cause sont mis à sa charge.

L'assistance juridique n'a pas pour but de mettre à l'abri de toute conséquence financière le justiciable, même sans argent, qui engage des procès farfelus ou sans cause légitime.

Pour autant, il serait pas raisonnable que l'A.J. demande au requérant de «prouver par anticipation», en quelque sorte, le bien-fondé des prétentions qu'il entend faire valoir en justice. Ce serait aberrant à un double titre.

En premier lieu, ce justiciable devra consulter un avocat, lequel, sans aucune garantie que la demande d'A.J. de son client soit acceptée, sera obligé, en réalité, d'abattre un travail parfois considérable (étude du dossier, conférences avec le client, recherches juridiques, rédaction d'un projet de mémoire, etc). Or si, en fin de compte, et souvent après des semaines ou même des mois d'investigations, l'A.J. est refusée à ce requérant, qui prendra en charge les honoraires de l'avocat pour le travail préliminaire déjà effecué? Le client! A moins que l'avocat y renonce. Ce qui est injuste dans les deux cas.

En second lieu, exiger du justiciable sans le sou qu'il démontre *préalablement* aux services de l'A.J. le bien-fondé de ses revendications revient à reconnaître à ceux-ci le pouvoir de préjuger sur le fond d'un litige qu'ils n'auront pas la compétence de trancher.

Quant à la morale de l'histoire, elle est toujours la même: le pauvre et le riche sont traités différemment par la justice, puisque seul celui qui requiert l'A.J. sera souvent contraint d'administrer cette «preuve par anticipation», alors que celui qui a les moyens de ne pas recourir à l'aide de l'Etat pourra procéder et voir venir…

Toujours est-il qu'avant que nos députés – dont certains m'ont fait l'honneur, au cours des années passées, de reprendre à leur compte, dans des projets de loi, des idées que j'avais énoncées dans des livres rédigés et parus bien auparavant (la présence de l'avocat durant les interrogatoires de police, par exemple) – ne modifient le système dans son ensemble, il faudra s'en accomoder.

Alors, un conseil simple: allez trouver un avocat, demandez-lui (même par téléphone, préalablement) s'il serait d'accord de vous assister aux conditions de l'A.J. Dans l'affirmative, accepte-t-il de vous aider à remplir la formule ad'hoc et, en cas de besoin, de présenter, sans frais, ou pour un montant forfaitaire à convenir, le «dossier justificatif» sur le fond de votre cause?

Faites jouer la concurrence. Sollicitez plusieurs avis. N'adhérez pas à ce cliché qu'un avocat connu et compétent est forcément plus «cher» qu'un juriste médiocre. Certes, nombreux sont les avocats, appartenant à cette seconde catégorie, dont les rangs ne cessent d'augmenter, qui entretiennent eux-mêmes cette idée fausse. Non pour vous informer. Mais pour préserver leurs fonds de commerce et par jalousie à l'égard de ceux qui ont le talent qu'ils ne posséderont jamais. Car il en va de l'avocat comme des chirurgiens ou des architectes: posséder la technique ne suffit pas; il faut avoir ce «petit quelque chose en plus», qui fait la différence, et qui a pour nom le talent…

Lorsque son emploi du temps et l'infrastructure de son étude le permettent, tout avocat se grandit d'accepter de plaider à l'A.J. et d'effectuer gratuitement pour celui qui la requiert les démarches nécessaires à son obtention.

Pour autant, votre parcours du combattant pour une justice égalitaire n'est pas achevé.

En effet, les dispositions légales et règlementaires genevoises consacrent une injustice supplémentaire, injustice qui fait même honte à notre démocratie judiciaire.

Vous avez de l'argent: vous pouvez choisir librement votre avocat. Vous ne disposez pas de ressources suffisantes: le choix vous en est dénié par la justice.

Vous pouvez certes émettre le désir d'être assisté par l'avocat qui a vos faveurs. Mais ce vœu est souvent pieux. Car les autorités peuvent parfaitement refuser – aussi scandaleux que cela puisse paraître – de respecter votre choix. Un avocat dont vous n'aurez pas sollicité l'intervention vous sera désigné, avec lequel le rapport de confiance n'existera pas nécessairement. Un avocat qui n'aura pas toujours les compétences et l'expérience nécessaires à une défense optimale de vos intérêts.

En un mot, il y a la justice du pauvre et celle du riche. Et contrairement à certaines idées reçues, cela n'est pas dû à l'égoïsme ou au manque d'humanisme de l'ensemble des avocats, mais à un système mis en place par la majorité des politiciens que vous avez élus.

Vous me direz: mais pourquoi diable l'Etat n'accepterait-il pas de rémunérer l'avocat de mon choix plutôt qu'un autre, puisqu'à parité de complexité ou de gravité d'affaires, ce sont des chefs d'étude qui seront désignés et que l'A.J. rétribuera de manière identique un ténor du barreau et un jeune avocat fraîchement installé? Mieux, la désignation d'un avocat chevronné coûtera moins cher à l'A.J., puisque l'activité du défenseur est rémunérée selon les heures qu'il consacre à l'exécution de son mandat et que, de toute évidence, la compétence, l'expérience et, le cas échéant, le talent, sont des «atouts» qui permettront à l'avocat qui en dispose de travailler plus rapidement et plus efficacement!

Alors? La vérité est crue: il fallait un «alibi» pour justifier une intention d'une pureté discutable.

L'alibi: la loi (le règlement sur l'assistance juridique) stipule que les avocats sont désignés d'office selon un tournus, c'est-à-dire à tour de rôle. C'est un peu comme si, par ordre alphabétique, l'un après l'autre, stagiaires et avocats brevetés, selon la gravité et l'importance des causes, étaient désignés.

J'inflige à ce mode de désignation deux objections majeures:

A supposer qu'il fonctionne réellement – autrement dit que certains avocats ne soient pas «systématiquement» nommés d'office, et d'autres jamais, ou très rarement – il consacre le fait que les justiciables les plus démunis sont livrés, s'agissant de l'identité de leurs défenseurs, au pur hasard: c'est la roue de l'infortune, car ce n'est pas le gros lot, mais la liberté qui se joue.

On rétorque, du côté de certains esprits bien pensants du Palais de Justice, que ce système est juste en ce qu'il garantit une égale répartition des mandats d'office entre tous les avocats. On verra plus bas que ce n'est de toute façon pas le cas au vu de la pratique de ces dernières années. Mais, en tout état de cause, cela revient à considérer que le but de cette loi n'est pas de permettre au justiciable sans argent de choisir librement son avocat, mais d'assurer à chaque avocat, le plus inexpérimenté et/ou inefficace soit-il, un certain nombre de mandats... rémunérés. Ce qui revient à transformer le justiciable en animal de laboratoire, tout juste bon pour les expériences de nombre d'apprentis-avocats, qui feront leurs premières armes sur ces cibles vivantes et dociles que constituent ces «clients malgré eux»...

Le procédé est donc assez déplaisant.

Certains répliquent qu'à défaut, ce serait la «loi de la jungle» qui prévaudrait, en ce sens que le détenu, s'agissant d'affaires pénales, en quête d'un avocat se renseignerait auprès d'autres «pensionnaires» de l'établissement pénitentiaire. Et certains avocats seraient trop souvent sollicités. Mais si ceux-ci ont pour vocation de défendre avec la même énergie le pauvre et le faible, le riche et le fort, ne faudrait-il pas plutôt s'en réjouir? Non! répondent en cœur les censeurs de la liberté: il est malsain que la «rumeur de la prison» aboutisse à la désignation d'un défenseur. Mais qui est mieux habilité à conseiller à un malade un chirurgien qu'un autre malade, que ce dernier a guéri?

Refuser de laisser le libre choix de l'avocat à un justiciable qui n'en connaît pas un d'entrée de cause (ce seront presque toujours les étrangers et/ou les plus démunis), revient à légaliser une injustice qui ne fait pas honneur à la démocratie judiciaire. Ce système tient du corporatisme, de la caste et du copinage.

Car voici le fond de l'affaire: tel avocat efficace, mais remuant ou dérangeant, n'est quasiment jamais commis d'office. Tels autres qui incarnent la soumission et le conformisme bénéficient des largesses de ceux qui ont le pouvoir de désigner les défenseurs d'office – ou de ceux qui se sont arrogé ce droit, par une pseudo-délégation de compétence. «Cela a changé», objecte-t-on côté Cour. Voire. Lorsque j'interpelle courtoisement un haut magistrat responsable desdites nominations, il m'écrit pour me signifier poliment que rien ne peut être dévoilé à ce sujet: secret de fonction oblige!...

Bonjour la transparence!

Je pourrais multiplier les exemples, citer des

noms. A quoi bon? Ceux qui se livrent, en amont ou en aval de l'institution, à de telles pratiques, se déshonorent. J'ignore s'ils cohabitent bien avec leurs consciences…

C'est un autre débat…

Mon objectif est ici de venir concrètement en aide au justiciable le moins bien armé pour lutter dans les couloirs d'un véritable labyrinthe judiciaire.

A peine recourez-vous à l'A.J. qu'on vous désigne un avocat d'office. Sauf motifs graves (on ne vous en reconnaît presque jamais), vous ne pouvez plus changer d'avocat, auriez-vous perdu toute confiance en lui. C'est évidemment scandaleux, car le rapport de confiance réciproque – et j'aurai l'occasion d'y revenir plus bas – est la condition sine qua non à toute défense réelle. Vous n'avez donc plus le choix: si vous persistez à ne plus vouloir être défendu par le stagiaire ou l'avocat qui vous a été commis, vous perdez le bénéfice de l'A.J.

Autrement dit, sauf à avoir la chance de trouver un homme de loi qui accepte de reprendre votre défense *bénévolement,* vous êtes contraint de vous laisser défendre par un avocat qui n'a plus votre confiance.

Voilà qui est assez malsain.

Dans ce monde judiciaire si injuste, vous ne disposez, hélas, pas d'une marge de manœuvre bien large.

En fait, elle est presque nulle. Il faut qu'*à titre préventif,* vous ayez toujours en tête le nom d'un avocat prêt à vous défendre aux conditions de l'A.J. – si vous les remplissez. Dès que la question rituelle vous est posée, en particulier par un juge d'instruction: «Avez-vous un avocat?», répondez par l'affirmative: «Oui, c'est Me X». Dans la foulée – mais le problème est d'une autre nature – sollicitez le bénéfice de l'A.J. Et si cette dernière refuse d'entériner votre choix, en raison de ce pseudo-tournus, expression d'un système contraire de toute manière aux principes fondamentaux du droit, demandez immédiatement conseil à celui qui a accepté de vous assister aux conditions de l'A.J.

Un avocat – un vrai – chaque fois que son emploi du temps le lui permettra et qu'il pensera, dans telle cause difficile et complexe, pouvoir vous apporter davantage que le confrère qui vous eût été désigné sans que vous l'ayez choisi, un avocat de cette trempe vous défendera bénévolement. Il s'honorera, d'une part, de vous aider ainsi. D'autre part, il pourra se flatter d'avoir infligé un camouflet à ces quelques juges mesquins qui rêvent d'exclure des prétoires ces empêcheurs de condamner en rond que constituent ces trops rares avocats, qui appartiennent peut-être déjà à une autre époque, pour lesquels la défense passe avant tout – en particulier avant l'argent, l'opportunisme et le désir de plaire à la grande famille, unie hélas plus souvent pour le pire que pour le meilleur, des juges, des procureurs et des avocats.

Croyez-moi: il suffirait que l'on en revienne à ce qui constituait l'un des piliers des devoirs de tout avocat – accepter d'être commis d'office *sans aucune indemnité de l'Etat* – pour que tous ceux qui, aujourd'hui, se bousculent au portillon des juges ou des greffiers tout puissants soient, demain, réduits à une portion congrue d'avocats au grand cœur…

Je suis d'ailleurs convaincu que la conjoncture fera que tôt ou tard le système actuel, ruineux pour l'Etat, donc pour les contribuables, sera revu et corrigé.

CINQUIÈME PRINCIPE: HONORAIRES D'AVOCATS: ÊTRE PARFAITEMENT AU CLAIR DÈS L'ORIGINE DU MANDAT

L'assistance juridique n'est pas accessible à tous les justiciables. C'est une aide sociale de l'Etat, réservée aux plus démunis.

De plus, on l'a vu, l'A.J. ne reconnaît pas le libre choix de l'avocat. Ainsi, la plupart des citoyens, soit ne remplissent pas les conditions à l'octroi de l'A.J., soit préfèrent prendre à leur charge les frais d'intervention d'un avocat désiré.

Dès lors, il est essentiel que les choses soit claires dès l'origine du mandat que vous donnez à votre avocat.

L'avocat exerce une profession libérale et indépendante. Il met à la disposition de ses clients ses connaissances, ses compétences et son temps. Il fixe lui-même le montant de ses honoraires. Ce qui ne signifie fort heureusement pas que ceux-ci peuvent être déterminés n'importe comment.

Les associations d'avocats, les commissions et tribunaux se sont largement exprimés sur ce sujet encore trop souvent tabou.

L'avocat doit calculer ses honoraires en tenant compte des différents critères suivants: le temps consacré à l'exécution de son mandat, l'importance et la complexité de l'affaire, la valeur litigieuse (s'il y en a une), le résultat obtenu et la situation du client.

Fort bien. Mais que signifient exactement ces critères? Ont-ils tous le même «poids» dans la calculation des honoraires?

Le facteur «temps» est simple à comprendre: l'avocat tient un relevé de son activité (timesheet) au fur et à mesure du déroulement de celle-ci. Il note ce qu'il entreprend pour son client (assistance à une audience, étude du dossier, recherches juridiques, entretiens, etc.) et le temps que chaque démarche a impliqué.

L'avocat n'est pas obligé de procéder ainsi, a fortiori de noter le détail de ses moindres interventions (sauf pour les mandats pris en charge par l'A.J.).

Cette pratique tend toutefois à se généraliser, car elle limite les contestations à la fin d'un mandat, dont la durée peut être longue selon les affaires.

Les autorités compétentes retiennent un tarif horaire «de base», ou moyen, d'environ 300.- francs, ainsi que le Conseil de l'Ordre des Avocats l'a fait savoir dans un article paru il y a quelques semaines dans la presse locale. Ce tarif peut être revu, à la baisse ou à la hausse, en fonction d'autres critères que j'examinerai plus bas.

Ainsi, en multipliant par cette somme le nombre d'heures consacrées par un avocat à l'exécution de son mandat, on obtient un montant global «moyen» d'honoraires.

Le «temps consacré» est le principal critère de fixation des honoraires d'avocats. Du moins est-ce l'avis de la plupart des représentants des autorités compétentes. On commence par déterminer le temps consacré par l'avocat. Il en résulte un nombre d'heures, modulées *ensuite* en application des autres critères (importance de l'affaire, résultat obtenu, etc.).

Je le dis tout net: c'est injuste et absurde. Pour l'avocat et pour le justiciable. D'abord, cette pratique est de nature à générer des abus. Comment savoir avec certitude, par exemple, si un juriste a réellement voué trois, quatre ou cinq heures à l'étude (et à l'assimilation!) d'un dossier? Ensuite, elle pose le délicat problème, en cas de contestation, de déterminer ce qui était nécessaire ou simplement utile d'entreprendre dans l'exécution du mandat. Et surtout, à mon sens, d'établir sans commettre d'erreur ce qui avait été convenu, à l'origine et pendant la durée du mandat, entre l'avocat et le client. Autremement dit, ce que celui-ci a demandé de faire à celui-là. Les clients ont tendance, même de bonne foi, à très largement sous-estimer le temps consacré par leur avocat à la défense de leurs droits. Il est fréquent qu'un avocat soit requis par son client d'effectuer nombre de démarches dont ce dernier contestera, au moment de devoir régler les honoraires, l'opportunité ou même l'existence!

L'avocat en sera-t-il réduit un jour à demander à ses clients de lui confirmer préalablement, et par écrit, qu'ils souhaitent le voir accomplir telle ou telle action, fût-ce la plus élémentaire (un entretien avec l'avocat de la partie adverse, une visite d'un client à la prison, etc)?

On n'en sortirait pas. La mission de l'avocat

se trouverait rapidement paralysée – au détriment des justiciables.

La notion du temps consacré revêt ainsi un caractère très aléatoire et même artificiel.

Enfin et de toute évidence, la «facturation au time-sheet» privilégie les avocats médiocres, laborieux et inefficaces, au détriment des plus talentueux et diligents. C'est arithmétique! L'avocat qui solutionne avantageusement un problème en trois coups de téléphone sera infiniment moins bien rémunéré que celui qui, n'ayant pas su, pu ou voulu régler de la sorte une affaire, aura consacré des dizaines d'heures à assister son client dans une procédure, même en cas d'issue «victorieuse»!

Autrement dit, plus l'avocat passe de temps sur votre dossier, davantage cela vous coûtera! C'est surréaliste! Beaucoup de confrères, plus ou moins compétents et désœuvrés, «plaident» pour cette facon de calculer les honoraires: il n'est pas difficile de comprendre pourquoi. Ici comme ailleurs, c'est le client qui trinque!

Parmi les autres critères, on tient souvent assez largement compte de la situation personnelle et financière du client. C'est une bonne chose, car il est juste que les honoraires soient aussi fixés en fonction de la surface financière du mandant.

L'importance et/ou la complexité de l'affaire (problèmes juridiques délicats, nécessité d'intervenir dans une ou plusieurs langues étrangères, etc.) permet une adéquation nécessaire du montant des honoraires. Ce critère est toutefois souvent difficile à évaluer objectivement. Une cause «importante et complexe» n'est pas nécessairement celle où il est question de «gros sous». Songez aux procès dont l'enjeu est la liberté d'un homme!

Dernier critère: le résultat obtenu par l'avocat. Les autorités compétentes ne le prennent pas assez en considération. Or, pour le client, n'est-il pas le critère essentiel, voire exclusif, d'une juste fixation des honoraires de son avocat?

Vous importe-t-il de savoir si votre mandataire a consacré dix, vingt ou cent heures à votre dossier, ou s'il a fait triompher votre cause?

La réponse est simple. Ce qui intéresse le client, c'est que le but qu'il poursuit en consultant un avocat soit atteint par ce dernier: négocier telle somme d'argent, se voir attribuer les droits qu'il revendique dans une procédure de divorce ou dans un litige avec l'Etat et ses représentants, être acquitté ou condamné à la sanction la plus clémente possible, etc…

C'est la raison pour laquelle, aux Etats-Unis, l'avocat et le client peuvent passer un contrat, à l'origine du mandat, pour convenir que le second ne versera d'honoraires au premier que s'il obtient tel résultat et, par ailleurs, que le montant de la rémunération du mandataire dépendra de l'issue du litige. C'est ce que l'on nomme dans le jargon judiciaire, en remontant au droit romain, le pactum de quota litis.

A Genève, ce type de «pacte» est actuellement prohibé par les us et coutumes réglementant l'exercice de la profession d'avocat.

Faut-il s'en féliciter ou le déplorer? Toujours est-il que, bien inspiré dans cette affaire, l'Ordre des Avocats a récemment institué un compromis en autorisant le pactum de palmario, qui permet à l'avocat et à son client de convenir d'avance de la calculation des honoraires en prenant en considération à la fois le temps consacré et les résultats obtenus, selon une «clé de répartition», ou une alternative à fixer d'accord entre les parties.

En fait, tout tient en ces quelques mots: il faut parvenir à un accord entre les parties *dès l'ori-*

gine du mandat. C'est la seule solution sérieuse et digne.

Concrètement, que devez-vous faire – en particulier si vos revenus sont modestes et imposent une certaine prudence?

Abordez dès le premier entretien avec votre avocat la question du mode de calculation de ses honoraires. L'avocat ne peut pas, tel un architecte, un plombier ou un électricien, établir un devis. Ceux-ci savent assez précisément, à l'avance, ce qu'ils devront entre- prendre et le temps qui en découlera. Le juriste l'ignore. Un litige peut être éventuellement évité par une seule intervention opportune de l'avocat. Un contentieux peut être résolu par un arrangement à l'amiable en début de procédure. Un conflit implique d'engager un procès ou de se défendre en justice pendant des semaines, des mois, voire des années! Or, dès lors que le «temps consacré» est un critère incontournable, comment savoir aujourd'hui les heures pendant lesquelles l'avocat devra travailler à l'avenir et pour une durée indéterminée et même indéterminable?

Vous avez néanmoins la possibilité d'avoir une estimation, même approximative, du temps que l'avocat pense devoir consacrer à votre affaire. Surtout, vous pouvez convenir avec lui d'un «tarif horaire», tenant compte de votre situation personnelle et financière, ainsi que des autres critères.

Dans ce cas, faites-vous confirmer par quelques lignes le «tarif horaire» convenu. Aucun avocat sérieux ne s'offusquera d'une telle requête.

Vous pouvez également fixer, en accord avec votre avocat, des *honoraires forfaitaires.* Chacun prend ses risques. Vous avez au moins la certitude que, quoi qu'il arrive, la «facture» n'excédera pas telle somme. Cette pratique est «tolérée» par les us et coutumes. Je comprends la réticence de certaines instances: le risque existe qu'un avocat, pas trop scrupuleux, «en fasse le strict minimum», puisque le montant de ses honoraires ne dépendra ni de la qualité ni de la quantité de ses efforts! En réalité, vous ne devriez adopter la formule du forfait que si vous avez pleinement confiance en votre avocat, s'agissant tant de ses compétences que, surtout, de son éthique ou, pour parler net, de son honnêteté.

Cela dit, le pactum de palmario demeure, à mon sens, le meilleur système – celui qui vous protège le mieux. Je vous le recommande sans réserve.

Il est stimulant pour l'avocat, favorise celui qui obtient les résultats escomptés, sans associer totalement le mandataire à l'issue du litige (système anglo-saxon), mais en assurant à votre conseil une rémunération minimale si, malgré ses compétences et ses efforts, les objectifs ne sont pas pleinement atteints.

N'oubliez pas en effet que le meilleur avocat de la planète ne saurait garantir un résultat... qui dépend d'un juge ou d'une autre autorité! Et vous connaissez la boutade: autant de décisions de justice que de juges!

Méfiez-vous comme de la peste d'un avocat qui vous jurerait sur tous les saints qu'il parviendra sans nul doute à «gagner» votre procès: celui-ci serait un menteur, voire un coquin!

Ne faites guère davantage confiance à un avocat qui éviterait de discuter clairement et précisément avec vous, d'entrée de cause, de ses honoraires, de même que des mandataires qui refuseraient de vous confirmer par écrit vos accords à ce sujet: il existe plusieurs centaines d'avocats à Genève, et vous avez réellement l'embarras du choix.

Soyez vigilant car, même s'il est, hélas!, souvent nécessaire de changer d'avocat «en cours de route», comme on le verra plus bas, vous devez mettre toutes les chances de votre côté au départ, notamment dans le choix de votre avocat.

SIXIÈME PRINCIPE: COMMENT CHOISIR SON AVOCAT?

Au-delà de ce que je viens d'exposer s'agissant des honoraires d'un avocat, comment devez-vous procéder pour choisir celui auquel vous allez vous confier, par lequel vous serez conseillé, qui aura la lourde responsabilité, mais aussi la passionnante mission, de faire valoir vos droits, de défendre vos intérêts et, si possible, de «gagner»?

Ce livre s'adresse en priorité – son titre l'indique – aux plus démunis. En résulte-t-il que ceux-ci n'ont, en réalité, pas la possibilité de consulter l'avocat de leur choix? Autrement dit, un très bon avocat, compétent, vif, sérieux, intègre, indépendant, insensible à toute forme de pression, et efficace, est-il «réservé» aux riches – à ceux qui ont les moyens de le payer de façon substantielle?

Ne le croyez pas. A tout le moins, ne donnez pas à cette équation – les meilleurs avocats pour les plus riches citoyens, et inversément – une valeur absolue. Il subsiste encore de nombreux avocats qui s'honorent de défendre le pauvre comme le riche, le faible comme le puissant, l'étranger comme le Suisse. Je connais plusieurs confrères qui ont cette approche de notre profession – je dirai même de notre sacerdoce. Car c'est effectivement souvent de cela qu'il s'agit. Et celui qui ne se sent pas porté, chaque fois qu'il le peut, à défendre son prochain, à l'assister, à mettre ses connaissances et son éventuel talent au service de sa cause, celui-là ne mérite pas de porter la robe… et le titre que son brevet lui confère.

Chassez donc de votre esprit l'idée préconçue que, dépourvu de solides moyens financiers, vous ne pourrez pas être bien représenté ou assisté devant les tribunaux. Même si vous remplissez les conditions à l'octroi de l'A.J., vous devriez pouvoir proposer le nom de l'avocat en qui vous avez confiance, sans que cet organisme de l'Etat s'y oppose.

Certes, comme l'écrivait récemment à l'un de nos clients communs un de mes éminents confrères, «les bons avocats sont très occupés, les autres ont des loisirs». Belle formule pour exprimer un fait: l'avocat dispose, par définition, et même s'il travaille beaucoup, d'un temps limité, et si un juriste est souvent sollicité, son carnet de rendez-vous se trouve rapidement rempli. Pour autant, l'avocat le plus illustre ne devrait pas hésiter une seconde à assister aussi des citoyens démunis, ou peu aisés, et à dégager une partie de son temps pour la réserver à la catégorie des gens les moins favorisés.

Renseignez-vous. Téléphonez. Prenez rendez-vous. Vous serez sans doute étonné de constater que, contrairement aux idées reçues, et à celles que s'ingénient à propager des gens malintentionnés ou animés par des mobiles inavouables, l'avocat renommé n'est pas nécessairement le moins disponible, le moins humain et le plus onéreux. J'en ai vécu des exemples concrets depuis que j'exerce ce métier. Notre déontologie m'interdit, hélas!, de vous fournir un «listing» des bonnes adresses... et des moins bonnes!

J'ai évoqué la notion de sacerdoce.

Je considère en effet que la mission de l'avocat, quoi qu'ayant trait à d'autres objets, est d'une nature assez voisine à celle du médecin ou du prêtre. Du premier dépend votre liberté ou votre situation économique. Au deuxième, vous confiez votre santé, quand ce n'est pas votre vie. Le troisième recueille vos confidences sur vos états d'âme.

Un très bon avocat a la vocation. En forçant un peu le trait, je dirai qu'on naît avocat: on ne le devient pas.

Cela dit, comment choisir?

Aux Etats-Unis notamment, on considère que l'avocat exerce une activité économique et commerciale et que, dès lors, il est libre de faire du marketing et de la publicité. Ceux d'entre vous qui ont séjourné sur ce continent, ou capté le programme d'une chaîne de télévision américaine, ont peut-être déjà vu des clips publicitaires de tel cabinet d'avocats, vantant ses mérites, et prônant ses résultats. Là-bas, toute étude d'avocats qui se respecte remet à sa clientèle potentielle un dépliant publicitaire à l'intérieur duquel, outre la photographie des juristes de l'entreprise, vous trouverez l'étalage de leurs spécialités et, ce qui est encore plus inouï, la liste de leurs principaux et plus prestigieux clients!

Un tel mercantilisme est inconcevable, pour

l'heure en tout cas, en Europe, et singulièrement dans notre pays.

A Genève, un avocat n'a pas le droit d'accomplir de telles démarches publicitaires et, en particulier, de faire état de ses aptitudes, de ses «performances» ou encore de ses tarifs.

On préserve ainsi la dignité de la profession.

Mais, simultanément, on la tient à l'écart du peuple et ceci ne fait pas forcément l'affaire du citoyen, surtout de celui auquel le monde de la justice et de ses auxiliaires (dont les avocats) est étranger, pour ne pas dire étrange.

Le souci de transparence n'est pas encore une préoccupation fondamentale de la profession et du législateur.

A défaut de pouvoir disposer d'une information générale et complète, il vous incombe de procéder vous-même à quelques investigations pour pouvoir comparer. Avant de choisir. L'enjeu est toujours important, parfois capital: le choix de l'avocat ne doit pas se faire au hasard, ni à la légère. Jugez par vous-même, sur la base de données aussi objectives et concrètes que possible. Gare aux fausses réputations que se plaisent à construire ceux (les plus nombreux) que le talent des autres irritent, parce que, en étant dépourvus, ils le jugent immérité ou suspect!...

Permettez-moi de vous livrer encore quelques conseils pour vous aider à faire votre choix.

Votre avocat doit être compétent et maîtriser le terrain juridique sur lequel votre cas repose. A cet égard, retenez que le droit est déjà, en soi, une spécialité, et qu'un très bon avocat doit être a priori capable, à l'exception de quelques secteurs extrêmement spécialisés (la fiscalité internationale, le droit maritime, etc), de vous fournir une aide efficace dans tous les domaines.

Assurez-vous, autant que faire se peut, de son efficacité et de sa vivacité d'esprit, de sa capacité de comprendre rapidement l'essentiel du problème que vous lui exposez, de le «traduire» en termes juridiques clairs et précis, et de proposer des «remèdes» réalistes et sérieux.

Avez-vous un bon contact avec cet homme de loi? Vous sentez-vous à l'aise et en sécurité? Dans un climat de confiance? Ces éléments, quoique subjectifs, sont primordiaux. On connaît l'exemple du malade qui meurt sur la table d'opération avant que son chirurgien ait accompli le moindre geste médical: la peur et l'absence de confiance – et non le fondement de sa maladie – ont provoqué la mort de ce patient.

Le rapport de confiance viendrait-t-il à se briser, ou même à se détériorer, qu'il ne faudrait pas hésiter à changer d'avocat – j'y reviendrai plus bas.

Votre avocat doit être indépendant, c'est-à-dire insensible aux pressions, même simplement psychologiques. D'où qu'elles viennent. De la magistrature, plus largement du Pouvoir. De la corporation et de ses autorités disciplinaires. De ses clients même. Ou encore de la rue, de l'opinion publique. Un avocat qui se soucie prioritairement ou constamment de son «image de marque» et de sa «réputation» n'est pas un avocat réellement libre et indépendant.

Enfin, je dirai que la vertu cardinale de l'avocat – qui va de pair avec l'esprit d'indépendance – est le courage.

Si une cause est juste, un avocat doit tout mettre en œuvre, dans le respect des lois démocratiques bien entendu, pour la soutenir. Au risque de déplaire, de heurter, de choquer, de se faire des ennemis. Ou de perdre des clients.

L'opportunisme et l'hypocrisie, qui caractérisent trop d'avocats – les plus méprisables – ne doivent pas trouver la moindre place dans la personnalité de l'homme ou de la femme que vous mandaterez.

Je suis idéaliste, me direz-vous. Car cette race-là est éteinte. Si elle a jamais existé, elle est assurément en voie de disparition. Mais, comme pour ces espèces animales protégées, il faut préserver et favoriser ceux qui, contre vents et marées, se battent, avec leur esprit et, surtout, leur cœur, pour vous. Il en reste encore… quelques-uns.

Toujours est-il que votre préférence devrait aller vers cet avocat, dont je me suis risqué à dessiner pour vous une sorte de protrait-robot…

SEPTIÈME PRINCIPE: SAVOIR CHANGER D'AVOCAT SI LE RAPPORT DE CONFIANCE S'EFFRITE

Je l'ai déjà mentionné: vous ne devez pas hésiter à changer d'avocat si vous sentez que s'estompe la confiance que vous avez placée en lui.

Beaucoup de gens n'osent pas – surtout parmi ceux qui n'ont que peu ou tout simplement pas d'argent – procéder à un tel changement, en cours de route. Pour ces derniers, il est vrai – et par ailleurs scandaleux – puisqu'ils sont souvent à l'A.J., que la question ne se pose pas: ils n'ont pas le droit de changer d'avocat, sauf en cas de faute grave commise par celui-ci dans l'exercice de son mandat! Je n'y reviens pas.

Vous n'avez aucune raison de tergiverser. Un avocat n'est pas «propriétaire» de son client. Vous pouvez résilier le mandat confié à un avocat sans devoir lui fournir d'explications. Par courtoisie, vous pourriez exposer sobrement vos motifs – et nul avocat digne de ce nom ne se sentira vexé si, pour une raison aussi subjective, le plus souvent, que celle relative au «climat de confiance réciproque», un client lui manifeste le désir de s'adresser à l'avenir à l'un de ses confrères. Par politesse, ai-je écrit: mais vous n'avez pas l'obligation de motiver votre décision. Vous avez en outre le droit de mettre un terme au mandat de votre avocat en tout temps et sans préavis particulier. Au contraire, votre avocat ne peut se démettre à n'importe quel moment: la résiliation, par un avocat, de son mandat, «en temps inopportun», est illicite.

Si vous ne savez vraiment pas comment vous y prendre, il suffit d'ailleurs que vous consultiez un avocat auquel vous avez décidé de confier désormais la défense de vos intérêts: ce dernier adressera alors un courrier d'usage à son confrère pour l'informer que vous l'aurez mandaté et qu'il reprend votre dossier.

Que se passe-t-il si l'avocat auquel vous retirez votre affaire est mécontent? Peut-il refuser de vous restituer votre dossier ou de le transmettre à un confrère? Non, c'est absolument interdit. Aucune condition préalable ne peut être posée à la remise de votre dossier. Cette règle déontologique, en vigueur à Genève, est cantonale. La situation varie très sensiblement d'un canton à l'autre. Renseignez-vous. Dans le canton de Vaud, par exemple, un avocat ne peut en principe accepter de reprendre le mandat d'un confrère que pour autant que les honoraires de son précédesseur aient été réglés.

A Genève, de ce point de vue, important, les justiciables sont mieux protégés que les avocats. Ce qui me paraît tout à fait normal, même si certains abusent de la crédulité ou de la trop grande générosité de leur avocat: il appartient à celui-ci de prendre ses précautions. C'est pourquoi un avocat sérieux vous demandera, au fur et à mesure de l'évolution de votre affaire, que vous lui versiez des avances, appelées provisions, pour ses frais et honoraires. Sauf, cela va sans dire, si vous disposez d'une protection juridique, si vous êtes au bénéfice de l'A.J., ou encore si votre conseil accepte de vous défendre bénévolement.

Ainsi, non seulement faut-il changer d'avocat lorsque le rapport de confiance fait défaut, mais encore cela ne pose-t-il aucun problème.

HUITIÈME PRINCIPE: SUIVRE DE PRÈS L'ÉVOLUTION ET LE TRAITEMENT DE SON DOSSIER (PARTICIPER À SA PROPRE DÉFENSE)

Vous avez pris la sage décision de ne pas attendre que vous soyez submergé par vos problèmes pour agir. Vous avez, avec ou sans l'assistance des organismes, privés ou étatiques, de protection juridique, mandaté l'avocat qui vous a paru le mieux armé pour défendre vos intérêts. Le rapport de confiance entre votre mandataire et vous-même est solidement établi.

Pour autant, s'agit-il de rester à l'écart de votre dossier, d'attendre simplement l'aboutissement des négociations engagées pour votre compte par votre avocat, ou l'issue du procès?

Certes non. Prenez soin de vous investir vous-même dans la défense de vos droits. Non pas que vous devriez a priori douter du bien-fondé et de l'opportunité des démarches de votre avocat. La raison profonde tient à ce qu'un avocat, si performant soit-il, ne peut pas, dans la plupart des cas, travailler efficacement si son client ne participe pas activement à sa propre défense. C'est à partir de la «matière première», des éléments, des documents que vous remettez à votre avocat que celui-ci construit votre défense. Votre mandataire n'a pas vécu les faits pour lesquels vous l'avez consulté. Il ne dispose, à l'origine de son mandat, de rien, sinon ses connaissances juridiques et, le cas échéant, son intelligence et son talent. Du début à la fin de l'affaire, votre avocat doit pouvoir compter sur vous. Ses conseils n'auront de sens et de valeur que dans la mesure où vous serez aux côtés de votre défenseur.

En réalité, il doit exister une collaboration étroite entre l'avocat et son client, l'un et l'autre mettant en commun leurs connaissances et leurs efforts pour parvenir à une défense optimale.

Evitez, bien entendu, de basculer dans l'attitude opposée, consistant à vouloir se substituer à son avocat: à chacun son rôle. Vous n'allez pas expliquer à votre chirurgien comment manier son scalpel…

Participez activement à sa propre défense ne signifie pas davantage «harceler» son avocat d'appels téléphoniques ou de lettres quotidiennes, non plus que de lui demander de vous rendre compte de ses moindres faits et gestes. Je vous l'ai dit: rien ne peut être entrepris sérieusement et efficacement par un avocat s'il ne jouit pas de la confiance de son client. Cette confiance ne doit pas être «aveugle», mais elle doit bel et bien exister!

Laissez à votre homme de loi une certaine «marge de manœuvre», sans quoi votre défense sera entravée, et votre participation à celle-ci contre-productive.

D'ailleurs, prenez garde de ne pas confondre disponibilité et désœuvrement.

Vous désirez être bien défendu? Vous avez donc nécessairement contacté un avocat dont vous n'êtes pas l'unique client. Un avocat sérieux n'accepte pas de mandats qu'il n'est certain de pouvoir traiter avec toute l'attention et l'efficacité voulues, faute de temps.

Cela dit, il lui appartient de s'organiser de telle façon qu'il soit également disponible pour l'ensemble de ses clients. Un avocat reçoit ceux-ci, les assiste ou les représente aux audiences, rédige requêtes et mémoires, dicte son courrier… et – sans être exhaustif! – doit bien entendu consacrer le temps nécessaire à l'étude de ses dossiers ainsi que de la jurisprudence et de la doctrine, qui évoluent.

Ne pensez donc pas, si vous ne parvenez pas toujours à joindre votre avocat «à première réquisition», que cela veut dire qu'il n'est pas «disponible» ou qu'il ne s'occupe pas bien (ou suffisamment) de votre dossier. Il n'est tout simplement pas «désœuvré».

Je dirai même que c'est d'un avocat atteignable en tout temps et en toutes circonstances, à l'instant même où vous décidez de lui passer un coup de fil, qu'il faudrait peut-être «se méfier»: une telle disponibilité pourrait être l'indication d'une éventuelle «inoccupation», en d'autres termes le signe que votre avocat manque de clients et, partant, de travail…

Paradoxe? Il n'est qu'apparement, croyez-moi.

Conservez toujours à l'esprit cette évidence: votre avocat doit être avant tout un conseiller juridique avisé. Ce n'est pas sur la quantité, mais sur la qualité de son travail que vous le jugerez. Ce sont des résultats et non des «actes de présence» que vous attendez de lui.

Un grand avocat est un homme de cœur: il est sensible aux paramètres sociaux et humains de votre situation. Ne confondez toutefois pas la mission de l'avocat avec celle, souvent précieuse, mais d'une autre nature, d'un assistant social ou d'un conseiller conjugal!

Ceci est fondamental, je le répète. D'autant plus qu'hélas les avocats «désœuvrés» ne manquent pas et que ceux-ci, ou des tiers plus ou moins bien intentionnés ou informés, vous prêcheront le contraire. «Tu n'arrives pas à joindre immédiatement ton avocat? Il ne s'intéresse pas à toi et ne s'occupe pas de ton dossier: prends-en un autre, plus disponible!» C'est ridicule. Déjouez ce piège que l'on vous tend, consciemment ou non!

Au surplus, n'oubliez pas, malgré les quelques précautions que je vous ai suggéré de prendre dans les chapitres précédents, que les honoraires dépendent principalement du temps consacré par un avocat à l'exécution de son mandat.

Résumons: la disponibilité de votre avocat n'implique pas que vous puissiez l'atteindre à n'importe quel moment. Ne demandez pas à votre avocat de remplir un rôle qui n'est pas le sien, car cela n'améliorera en rien votre défense et entraînera pour vous d'inutiles frais supplémentaires. En cas de nécessité (réelle), votre avocat n'hésitera pas à vous contacter et à vous recevoir souvent et rapidement. Ce n'est pas parce que vous ne lui parlez pas tous les jours qu'il n'a pas à cœur de bien vous défendre, avec une approche non seulement juridiquement adéquate, mais socialement et humainement juste.

La participation active d'un client à sa propre défense est nécessaire dans toutes les causes. Elle est indispensable en matière pénale. Que vous soyez victime d'un délit ou accusé d'en avoir commis un, informez complètement et sans louvoyer, a fortiori sans tricher, votre avocat. On en revient toujours à ce postulat essentiel: le rapport de confiance doit exister!

D'éminents juristes disent ou écrivent que le pire ennemi d'un avocat est son propre client.

C'est une formule, bien sûr. Mais il est vrai qu'un avocat ne peut pas assumer la tâche qui lui est confiée si son client lui ment, soit en lui rapportant des faits contraires à la vérité, soit en lui dissimulant celle-ci.

Il est humain de vouloir présenter à son avocat son dossier sous les aspects et les angles les plus favorables. Un avocat perspicace sera d'ailleurs souvent capable de déceler la part du faux ou de l'imaginaire.

Certains partent aussi de l'idée que l'avocat sera d'autant plus convainquant dans ses relations avec les juges ou les parties adverses qu'il ne disposera que d'une version édulcorée ou tout simplement inexacte des faits qui ont motivé que son client fasse appel à lui.

C'est une erreur. Autant exposer à votre avocat votre situation telle qu'elle est réellement, même si la réalité prend pour vous des allures de catastrophe. Il est préférable que votre avocat puisse poser un diagnostic sûr d'emblée, et vous proposer les remèdes, au besoin drastiques, qui s'imposent, plutôt que de lui cacher vos véritables maux et qu'ultérieurement celui dont vous aurez requis l'assistance ne puisse que constater qu'il n'y a plus rien à faire pour vous. L'analogie, ici comme ailleurs, avec la relation entre le malade et son médecin, est frappante.

Cet impératif de vérité et de loyauté vaut pour tous. Mais il s'impose d'autant plus si vous n'avez que peu ou pas de ressources financières. Car il faut parfois savoir perdre partiellement aujourd'hui pour éviter de tout perdre demain. Et votre avocat ne pourra vous guider dans vos décisions qu'à la condition qu'il dispose de tous les éléments d'appréciation, que son analyse et ses conseils se fondent sur une situation vraie et non artificielle, ou fausse.

NEUVIÈME PRINCIPE: MIEUX VAUT UN MAUVAIS ARRANGEMENT QU'UN BON PROCÈS

Le dicton est célèbre.

Je le disais à la fin du chapitre précédent: il faut savoir perdre… à temps!

Evitez, surtout si votre situation financière est délicate ou précaire, d'engager un procès, si vos droits peuvent être sauvegardés sans saisir les tribunaux.

On sait quand une procédure commence, rarement quand et surtout comment elle s'achève.

Soutenir un procès coûte cher. Il en résulte de surcroît un stress et des soucis, liés notamment à l'incertitude de l'issue de la procédure, dont le prix, pour difficile qu'il soit à évaluer, s'avère souvent exorbitant.

Cherchez un arrangement lorsque vous êtes confronté à une situation litigieuse.

C'est d'ailleurs l'apanage d'un bon avocat que de tout faire pour éviter des procès et parvenir à des solutions acceptables, tant pour la partie adverse que pour son client. C'est même son devoir.

Certains avocats optent pour l'affrontement judiciaire à tout prix – c'est le cas de le dire! Ces «procéduriers» oublient parfois qu'ils ne livrent pas un combat personnel: l'avocat est au service de son client – et non l'inverse. On ne déclare pas la guerre à un ennemi, on ne tire pas de missiles sur le territoire d'un autre pays, si hostile soit-il, avant d'avoir tout entrepris pour éviter le pire, à savoir, précisément, la guerre. Pourquoi, en matière judiciaire, en irait-il autrement?

Recherchez un compromis. Ce qui suppose de faire des concessions. Aucune solution pacifique n'est possible si les belligérants campent sur leurs positions: l'histoire, récente ou plus ancienne, nous l'enseigne.

Vous devez – et votre avocat est là pour vous en convaincre, si besoin est – admettre qu'il ne suffit pas d'avoir raison pour gagner. Faut-il encore avoir les moyens, à tous égards, de le prouver. Faut-il également que le juge, qui aura à connaître de votre cause, soit convaincu par votre argumentation et vos éléments de preuve (documents, témoignages, etc.).

L'issue d'un procès est presque toujours incertaine, hypothétique. Procéder, c'est courir des risques, parfois importants, difficilement maîtrisables.

Très nombreux sont les cas dans lesquels vous aurez avantage, à tous points de vue, notamment financier, à renoncer à une partie de vos prétentions pour parvenir à une transaction. Pour autant, n'acceptez pas n'importe quelles conditions, bien entendu. Remettez-vous en à votre avocat. Un bon avocat est un habile négociateur. Il saura vous dire quand et sur quelles bases transiger, fixer la limite entre ce qui est acceptable, dans votre propre intérêt, et donc, «négociable», et ce qui ne l'est plus, la procédure devenant alors inévitable.

Mettez tous les éléments sur la table: le poids de vos arguments et de vos moyens de preuve; l'incidence, sur votre vie de tous les jours, professionnelle et privée, d'un conflit ouvert pendant des mois et des années devant les tribunaux; le calcul de ce que vous pourrait vous apporter ou vous coûter, selon l'issue, l'engagement d'une procédure en regard des intérêts, économiques ou de toute autre nature, qui sont en jeu.

Ne faites pas de tout et de rien une «affaire de principe». Soyez concret et pragmatique.

A quoi bon dépenser en frais de justice et d'avocat une somme d'argent, quelle qu'elle soit, dont vous pourriez faire un bien meilleur usage? Car, si vous perdez en procédure, vous serez condamné aux dépens, c'est-à-dire à payer les frais de la cause et une participation aux honoraires de l'avocat de la partie adverse.

Quand l'analyse des faits et du droit et, souvent, le bon sens, vous démontrent qu'indépendamment du caractère aléatoire de tout procès, même en le gagnant il ne vous resterait que des miettes après avoir payé votre avocat et assumé, le cas échéant, d'autres dépenses (déplacements, etc.), à quoi bon engager une procédure ou persister dans la poursuite de celle-ci? Autrement dit, lorsque le litige qui vous oppose à un tiers est évaluable financièrement et que cette «valeur litigieuse» est «objectivement faible», vous aurez presque toujours avantage à négocier. On ne mène pas un procès pendant quelques années, pour quelques milliers de francs, si on peut obtenir la moitié ou le tiers en transigeant, sauf à être procédurier ou «suicidaire».

Vous objecterez que ce constat consacre une injustice: les plus démunis d'entre vous seront, par essence, rarement confrontés à un litige portant sur des sommes très importantes. De sorte que ce sont les citoyens les moins favorisés qui, pour ne pas tomber dans la souricière du procès, auront plus que d'autres avantage à abandonner une partie de leurs revendications, même légitimes – condition incontournable à une solution transactionnelle. Exprimé différemment, procéder et livrer une bataille juridique avec les armes les plus fortes implique trop souvent il est vrai de disposer, à défaut d'une protection juridique, privée ou publique, de ressources financières non négligeables.

C'est donc évidemment injuste. Il n'existe hélas aucune parade absolue. Cela étant, dans la pratique, les gens les plus riches ne font pas davantage que les plus pauvres trancher leurs litiges par les tribunaux: la règle que j'ai rappelée en introduction de ce chapitre pourrait est être ainsi appliquée par tous. Tous ceux qui ont cette sagesse. Et la sagesse n'est pas réservée aux nantis.

DIXIÈME PRINCIPE: LA «JUSTICE A DEUX VITESSES» N'EST PAS UNE FATALITÉ

On entend dire de toutes parts que la justice fonctionne à deux vitesses.

En d'autres termes qu'il existe, comme dans les transports ferroviaires, deux classes, la première réservée aux plus riches, la seconde aux plus pauvres.

J'espère vous avoir fourni quelques pistes pour vous démontrer que ce postulat est davantage un cliché, ou un slogan politique, qu'une réalité. A tout le moins que vous pouvez «corriger le tir».

A priori, celui qui a des moyens financiers supérieurs à la moyenne peut affronter des procès coûteux ou encore mandater des avocats onéreux.

Mais j'ai voulu montrer que d'une part les meilleurs avocats ne sont pas ceux qui pratiquent nécessairement les tarifs les plus élevés. Et que, d'autre part, les honoraires doivent être fixés en fonction de critères assez précis. Au surplus, vous avez la possibilité de convenir, selon les différentes formules que j'ai exposées, d'un mode de rémunération qui vous met à l'abri de surprises et qui soit en rapport avec vos ressources.

A supposer que vous n'ayez pas pris la précaution de conclure un contrat d'assurance de protection juridique.

Il y a donc nombre de facons de se protéger et d'accéder ainsi, même en disposant de revenus modestes ou inférieurs à la moyenne, à une justice de qualité.

C'est souvent parce que son environnement socio-professionnel le tient à l'écart du milieu judiciaire qu'un citoyen démuni, faute de disposer des informations et des conseils adéquats, commet des erreurs d'appréciation, ne parvient guère à se défaire de préjugés et se trouve face à la justice en plus mauvaise posture qu'un autre, plus favorisé, par ses relations, sa profession ou son argent.

Puisse ce petit guide pratique vous aider dans votre quête d'une même justice pour tous: la «justice à deux vitesses» n'est vraiment pas une fatalité!

J.B
Octobre 1993

TABLE DES MATIÈRES

Achevé d'imprimer
à Genève – Suisse